Réenchanter ma vie

© 2025, Caroline Verstaen

caroline.verstaen@lilo.org
www.auseindelavie.com

Création graphique & mise en page
Anaïs Noëla
www.anaisnoela.fr

Relecture
Agnès Babault
www.linkedin.com/in/agnès-babault-correctrice

Édition
BoD · Books on Demand, 31 avenue Saint-Rémy,
57600 Forbach, bod@bod.fr

Impression
Libri Plureos GmbH, Friedensallee 273,
22763 Hamburg (Allemagne)

ISBN : 978-2-3226-3437-8

Dépôt légal : juin 2025

En application de l'art. L.137-2.-I. du code de la propriété intellectuelle, toute reproduction et/ou divulgation de parties de l'œuvre dépassant le volume prévu par la loi est expressément interdite.

Caroline Verstaen

Réenchanter ma vie

INSTANTANÉS D'ÉMOTIONS

Poésie

Goutte d'ancre

« La poésie n'est pas forcément du vers, des rimes.
Un poème est une tentative de nous ouvrir les yeux pour voir ce qu'on ne regarde plus. »

Jean Cocteau

Préface

Caroline a cette simplicité d'écriture qui murmure directement à l'âme. Avec finesse, elle trouve le chemin de notre sensibilité et nous invite à nous relier au fil invisible de nos émotions.

Quand Caroline m'a invitée à préfacer son recueil, j'ai été profondément touchée, fière et honorée ! Car c'est une grande première pour moi.
Caro, c'est une explosion de créativité. Elle porte l'écriture en elle depuis toujours, l'amour des livres aussi. Et le goût des belles lettres.
Passionnée, elle vous embarque dans son pétillement, son rire, avec joie et profondeur, pour vous déposer avec délicatesse sur les rivages de son cœur.

Je l'ai accompagnée un bout de chemin d'écriture et c'est plus qu'un immense bonheur pour moi que d'écrire ces lignes pour elle.

Je suis tellement heureuse de te voir aboutir cet ouvrage, toi qui as tant douté, eu peur,

après moult montagnes russes.
Heureuse de toute cette traversée, heureuse de ton courage, et pour finir de cet enfantement en feu d'artifice poétique !

« Réenchanter ma vie » — Ah, ce titre… Il résonne si justement avec ce qu'elle invite à découvrir au fil des pages.

« Instantanés d'émotions » — C'est si bien trouvé ! Un peu comme un polaroïd qui capture l'essence d'un moment.

Ce sujet me touche particulièrement, car c'est la poésie du quotidien, l'émerveillement des petites choses qui nous relient aux autres, au monde, à l'universel.
Et tous autant que nous sommes, nous avons besoin de ce rappel précieux :
celui d'ouvrir à nouveau les yeux sur la beauté du monde,
sur les petits riens,
sur la délicatesse d'un pétale de rose,
sur les parfums subtils qui ne se révèlent que quand on prend le temps de les savourer.

Et c'est ce temps d'émerveillement là que Caroline nous invite à prendre, à travers sa poésie douce, qui a la simplicité des mots qui vont droit au cœur. Nos âmes d'enfants s'y reconnaissent.

À la *Queen* des acrostiches, merci de nous chuchoter la voix du cœur.

Il ne me reste plus qu'à vous souhaiter un merveilleux voyage. Puissiez-vous, à travers les invitations de Caroline, retrouver la poésie des instants précieux et la magie discrète pour réenchanter vos vies.

Ghylenn Descamps
Auteure du livre *365 jours pour libérer sa créativité* (Éditions marie claire)
www.ghylenndescamps.com

Et me voilà,
Tombée sur cette terre
Réveil brutal
Errance de l'âme

Où suis-je ?
Silence
Egarée, je veux
Rentrer

Respirer
Attendre quelques instants
Y a-t-il un ailleurs ?
Ou alors…
Ne serait-ce pas là ?
Ne pas chercher d'ailleurs
Et si… c'était ça, ma
Réalité incarnée

Introduction

Je devais avoir une dizaine d'années.

Ma sœur et moi dormions dans des lits superposés.
C'était chez notre mère.
J'étais dans mon lit, celui du haut.

Il faisait nuit.
Tard le soir ou tôt le matin.

Je ne dormais pas…

Et là, un poème m'est venu !

Je me souviens être descendue de mon lit pour l'écrire sur un bout de papier.

Je revois cette feuille d'un mini bloc-notes carré.

Quatre vers.
Un poème sur les chats.

> Les chats sont mes amis
> …[1]
> Je les aime à toute heure
> De n'importe quelle couleur

---

[1] Ma mémoire a oublié le deuxième vers… mais il est là quelque part, je sais qu'il reviendra.

Cette anecdote a de l'importance pour moi : elle me montre que mes fulgurances de création — notamment nocturnes — et mon amour des poèmes avec seulement quelques vers, courts et rythmés, étaient déjà là…

« Ces courts poèmes me permettent de garder une trace, comme j'ai pu le faire auparavant avec une photo ou un dessin. Ils me permettent, cette fois, d'utiliser les mots pour retranscrire une émotion, un état, une découverte, une question, etc. Un instantané en mots. »
Cher Journal[2], 27 septembre 2020

La poésie, c'est un espace de liberté où, en quelques mots, beaucoup est dit.
La poésie, c'est la rencontre de la sagesse et de la magie.
La poésie, c'est un de mes outils pour réenchanter ma vie.

Cet ouvrage regroupe près de 90 courts poèmes, écrits quotidiennement, avec

---

[2] *Cher Journal,* journal d'exploration de ma créativité, tenu sous forme de newsletter du 24 septembre 2020 au 27 janvier 2021.

toujours une contrainte de style comme je les aime tant. Ces contraintes qui permettent à ma créativité de s'exprimer complètement !

Que vous les lisiez d'une traite, ou un par-ci, par-là, de temps à autre, je vous souhaite une belle plongée dans ces instantanés de ma vie en poésie !

Caroline
20 avril 2025

Renouer en poésie
S'offrir cette liberté
Se laisser traverser
Sans juger
S'ouvrir
Embellir
Se faire plaisir
Mettre de la Beauté
Choisir ses mots
Raturer… enfin effacer
Transformer
Laisser

4 avril 2024

Un Automne en Poésie

Tout est parti d'une invitation de Sina[3], une instagrameuse, à écrire un court poème avec des contraintes de répétition de vers. J'ai voulu jouer, alors j'ai essayé. Cela m'a amusée et j'ai constaté que ce jeu créatif m'avait permis de mettre des mots sur mon ressenti du moment.

Quelques mois plus tard arrivent octobre et Inktober.

Inktober, c'est un défi créatif invitant à dessiner tous les jours, à partir d'une liste de mots. Cette année-là, j'ai eu envie de personnaliser ce défi en réalisant mon Inktober en poésie, à partir d'une liste co-créée avec les abonné·es de mes réseaux sociaux.

31 jours, 31 mots, 31 poèmes

Avec les contraintes inspirées par Sina : chaque poème doit être composé de 8 vers, dont certains se répètent (A/B/C/A/D/E/A/B).

---

[3] Sina Frey - Instagram @creaexpression_sina.frey

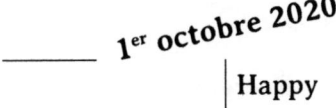
| Happy

Il est là, seul
Son regard est triste
« Because I'm happy »[4]
Il est là, seul
« Clap along if you feel
like happiness is the truth »[4]
Il est là, seul
Son regard est triste

---

[4] Extraits de la chanson *Happy* de Pharrell Williams

_____ 2 octobre 2020
| Énergie

Peur ou Amour
Quelle énergie choisis-tu ?
Sur quel chemin t'engages-tu ?
Peur ou Amour
Repli sur soi
Ou s'ancrer en soi ?
Peur ou Amour
Quelle énergie choisis-tu ?

3 octobre 2020
Synchronicité

Synchronicité, résonance
La vie danse
Cultivons le vivant
Synchronicité, résonance
Suivre le mouvement
Foi et confiance
Synchronicité, résonance
La vie danse

4 octobre 2020
Tourbillon

Besoin de silence
Faire taire ce tourbillon
Nuits électriques
Besoin de silence
Cher mental
Écoute mon âme
Besoin de silence
Faire taire ce tourbillon

_____ 5 octobre 2020

| Peau aime

Ma peau aime la douceur
Des caresses du Soleil
Se réchauffer le cœur
Ma peau aime la douceur
Des murmures de la Lune
Et du souffle des étoiles
Ma peau aime la douceur
Des caresses du Soleil

_____ 6 octobre 2020

| Complicité

Complicité entre toi et moi
Entre la terre et l'eau
L'air et le feu
Complicité entre toi et moi
Adversité entre toi et moi
Faire un pas l'un vers l'autre
Complicité entre toi et moi
Entre la terre et l'eau

7 octobre 2020
Dystopie

J'ai perdu le fil
De cette dystopie
Dans laquelle on veut nous faire vivre
J'ai perdu le fil
Ou je refuse de le suivre ?
Ras-le-bol !
J'ai perdu le fil
De cette dystopie

_____ 8 octobre 2020
| Racine

Racine singulière
Racines plurielles
Entremêlées
Racine singulière
Racines particulières
À démêler
Racine singulière
Racines plurielles

9 octobre 2020
Poésie

Mettre de la poésie
Dans sa vie
Une étincelle de magie
Mettre de la poésie
Dans son cœur
Se remplir de douceur
Mettre de la poésie
Dans sa vie

_____ 10 octobre 2020

| Arabesque

Lire dans les lignes
De mon cœur
Découvrir ses arabesques
Lire dans les lignes
Inspirer, expirer
Écouter sa mélodie
Lire dans les lignes
De mon cœur

_____ 11 octobre 2020

| Lumière

De mon cœur
Jaillit une lumière
Une pluie d'étoiles
De mon cœur
Coule une rivière
Un torrent de couleurs
De mon cœur
Jaillit une lumière

12 octobre 2020
Passion

Passion des mots
Les choisir, les écrire
Les aimer, les chérir
Passion des mots
Les assembler
Les faire résonner
Passion des mots
Les choisir, les écrire

13 octobre 2020
Nostalgie

Nostalgie du passé à venir
Nostalgie d'un futur révolu
Points de suspension
Nostalgie du passé à venir
Regretter ce qui n'est pas
Anticiper ce qui n'est plus
Nostalgie du passé à venir
Nostalgie d'un futur révolu

14 octobre 2020
Tartine

Une tartine de colère
Une tartine d'amour
Méli-mélo de sentiments
Une tartine de colère
Saupoudrée de révolte
Lentement, l'avaler. La digérer
Une tartine de colère
Une tartine d'amour

_____ 15 octobre 2020
| Plexus

Illumination intérieure
Rayonnement extérieur
Chérir mon plexus
Illumination intérieure
Noyau complexe
Radioactif
Illumination intérieure
Rayonnement extérieur

16 octobre 2020
Vulnérabilité

Faire place
À ma vulnérabilité
L'honorer
Faire place
À toutes ces parts de moi
Les aimer
Faire place
À ma vulnérabilité

_____ 17 octobre 2020

| Épanouissement

Ouvrir son cœur
Déployer son essence
Épanouissement
Ouvrir son cœur
Recevoir
Diffuser
Ouvrir son cœur
Déployer son essence

_____ 18 octobre 2020
| Expansion

Ouverture du cœur
Expansion de l'âme
Diffuser son essence
Ouverture du cœur
Inspirer, expirer
L'Amour
Ouverture du cœur
Expansion de l'âme

19 octobre 2020
Montagne

Montagne d'émotions
Spirale vitale
Me laisser traverser
Montagne d'émotions
Avalanche de sentiments
Ne pas se laisser emporter
Montagne d'émotions
Spirale vitale

20 octobre 2020
Maître

Libre de choisir
Reprendre sa responsabilité
Poser ses limites
Libre de choisir
Maître·sse de sa vie
Hors-leur-loi
Libre de choisir
Reprendre sa responsabilité

21 octobre 2020
Résilience

Résilience du cœur
S'aimer à nouveau
Un peu plus, encore plus
Résilience du cœur
Partir à son écoute
Accueillir son murmure
Résilience du cœur
S'aimer à nouveau

_____ 22 octobre 2020
| Collectif

Unicité dans le collectif
Y trouver sa place
Poser ses limites
Unicité dans le collectif
Suivre les règles,
À quel prix ?
Unicité dans le collectif
Y trouver sa place

23 octobre 2020
Calligraphie

Calligraphie de mon cœur
Dessiner chacune de ses lettres
Y accrocher des étoiles
Calligraphie de mon cœur
Élégance de ses courbes
Beauté de ses failles
Calligraphie de mon cœur
Dessiner chacune de ses lettres

24 octobre 2020

| Abondance

Abondance d'amour
Au bord du jour
Au clair de lune
Abondance d'amour
Souffle du vent
Brasier d'étoiles
Abondance d'amour
Au bord du jour

25 octobre 2020
Simple

Simple comme l'Amour
Qui ouvre ton cœur
Ferme les yeux
Simple comme l'Amour
Qui irradie de ton cœur
Et diffuse son essence
Simple comme l'Amour
Qui ouvre ton cœur

_____ 26 octobre 2020
| Soleil

Ombre et lumière
En alternance
Comme le Soleil
Ombre et lumière
Découvrir l'ombre
Y ramener la lumière
Ombre et lumière
En alternance

_____ 27 octobre 2020
| Diversité

Multiplicité
Complémentarité
Diversité de toutes nos facettes
Multiplicité
Tous ensemble
Nos unicités comme un trésor
Multiplicité
Complémentarité

_____ 28 octobre 2020

| Révolution

La Révolution du Cœur
Passe par moi
À travers moi
La Révolution du Cœur
M'envahit, m'anime
Bas les masques !
La Révolution du Cœur
Passe par moi

_____ 29 octobre 2020
| Épicurienne

Plaisir des sens
Qui allume mon cœur
Bougie épicurienne
Plaisir des sens
Flamme vacillante
À la sensualité attirante
Plaisir des sens
Qui allume mon cœur

30 octobre 2020

| Nuage

Au centre de mon cœur
Un nuage est là
Parfois léger, parfois lourd
Au centre de mon cœur
Il y a un soleil
Qui est parfois voilé
Au centre de mon cœur
Un nuage est là

31 octobre 2020
Étincelle

L'étincelle de création
Illumine mon cœur
Une explosion de couleurs
L'étincelle de création
Allume le feu sacré
De mon temple intérieur
L'étincelle de création
Illumine mon cœur

Revenir en Poésie
Terre de liberté

Se remettre en mouvement

Laisser le souffle
De mon cœur
Guider mes doigts

27 avril 2024

La Voix du Coeur

J'ai voulu poursuivre l'élan d'écriture quotidienne initié par Inktober en poésie, avec un nouveau challenge créatif : composer un acrostiche formant le mot « cœur ».

L'acrostiche est un jeu poétique ou littéraire, où les premières lettres de chaque vers (ou ligne) forment un mot ou une phrase quand on les lit à la verticale.

C'est un procédé d'écriture que j'aime énormément, car il vient activer mon inspiration facilement : je me connecte au mot et je laisse venir le plus spontanément possible des mots, des expressions, des phrases. Ensuite, selon l'élan, je retravaille ou pas.

Allons voir ce qu'il y a dans mon…

C
O
E
U
R

_____ 1ᵉʳ novembre 2020

Chaque jour
Ouvrir un peu plus mon cœur
Ecouter ses battements
Urgence du moment
Respire

2 novembre 2020

Comment savoir
Où aller ?
Errer, flotter
Une sensation
Résister

_____ 3 novembre 2020

Choisir
Oser
Ecrire
Une
Révolution

_____ 4 novembre 2020

Ca bouillonne
Orage dans ma tête
Explosion intérieure
Urgence
Ralentir

5 novembre 2020

Chaque jour, je m'émerveille
Où l'Univers m'emmène
Encore plus loin
Un pas de plus vers moi
Retour arrière impossible

_____ 6 novembre 2020

Chargée de plein de choses
Or à qui appartiennent-elles ?
Ecouter au plus profond
Un appel de l'inconscient
Relâcher tout ça

_____ 7 novembre 2020

Chaleur
Ouverture
Elan du cœur
Un soleil
Rayonner

_____ 8 novembre 2020

Cocréer
Où nous
Emmène notre cœur
Un instant de
Reliance

_____ 9 novembre 2020

Chanter
Onduler
Eveiller son corps
Une vague d'énergie
Rugir de bonheur

_____ 10 novembre 2020

Cri du cœur
On y va !
Etres merveilleux et
Uniques
Relions-nous !

_____ 11 novembre 2020

Ce côté star, que j'avais
Oublié et qui s'est
Eveillé
Un instant, en
Rigoler et s'amuser !

_____ 12 novembre 2020

C'est
Ok de ne pas savoir
Et c'est ok d'être
Un peu confuse
Respire, aucune urgence

_____ 13 novembre 2020

Chant du cœur
Ondulation
Ecrire
Urgence de
Rayonner

_____ 14 novembre 2020

Conversation à cœurs
Ouverts
Entre deux êtres
Un moment de
Reliance

_____ 15 novembre 2020

Club privé
Ouvert !
Elan du cœur
Un espace où
Rayonner ton être

_____ 16 novembre 2020

Courage de regarder en soi
Oser montrer son chelou
Et le transformer en
Un arc-en-ciel
Rayonnant

_____ 17 novembre 2020

Comment savoir
Où aller ?
Errer dans la confusion
Un doute qui s'accroche
Résister au lâcher-prise

_____ 18 novembre 2020

Cliente idéale
Où es-tu ?
En fait… qui es-tu ?
Un miroir : tu es moi. Alors,
Réaliser comment te trouver

_____ 19 novembre 2020

Credo
Oeuvrer
Ensemble
Unies
Reliées

_____ 20 novembre 2020

Créer sa vie
Ou s'oublier ?
Eh ! Le choix est vite fait
Un impératif :
Rester fidèle à soi m'aime

_____ 21 novembre 2020

Créer dans l'
Ouverture et l'
Ecoute
Un message du cœur
Révélé

_____ 22 novembre 2020

_____ 23 novembre 2020

Créer son histoire
Ouvrir son cœur
Et imaginer
Un rêve qui devient
Réalité

_____ 24 novembre 2020

Cachée
Outrée
Etouffée
Une envie :
Respirer

_____ 25 novembre 2020

Chut...
Ouvre ton cœur
Et écoute.
Un murmure
Résonne

_____ 26 novembre 2020

Crépiter
Oser
Epuisée
Un
Répit

_____ 27 novembre 2020

Comment s'aimer soi ?
Où commencer ?
Et si ça démarrait par
Un choix : Soi. Puis
Rien d'autre qu'être

_____ 28 novembre 2020

Commencer par soi
Ok.
Et donc ?
Un flou
Rien ne vient

_____ 29 novembre 2020

Couler
Oser
Effleurer
Une vague
Répit

_____ 30 novembre 2020

Chœur de femmes
Ouvrir son cœur
Ecouter
Un moment de douce
Reliance

Le silence entre les mots parlés
Les espaces entre les mots écrits
Inspirer. Retenir. Expirer. Retenir
Tout est là, dans ces instants de vide,
Instants de vie
Instants fertiles

16 mai 2021

Écrire en Silence

« Oh et depuis le 29 décembre [2020], j'écris un poème par jour, sous une forme contrainte. Mais chuuuuut ! Pour le moment, je garde ces poèmes pour moi. »

Cher Journal[5], 6 janvier 2021

Ils sont rares, les challenges créatifs que je réalise sans les publier sur mes réseaux sociaux. En voilà un — et sûrement l'unique de mémoire !

Cette fois, il s'agit d'acrostiches composant le mot « écrire ».

---

[5] *Cher Journal,* journal d'exploration de ma créativité, tenu sous forme de newsletter du 24 septembre 2020 au 27 janvier 2021.

_____ 29 décembre 2020 (1)

Et c'est reparti !
Chaque jour, me
Révéler un peu.
Il est temps de
Reprendre la plume.
Ecrire

29 décembre 2020 (2)

Ecrire
Crier
Rire
Ire
Re
E

_____ 30 décembre 2020

Et me voilà
Complètement perdue
Rien n'est clair
Impossible de savoir
Rien
Et tout, que faire ?

_____ 31 décembre 2020

Et voilà le dernier jour de
Cette année si particulière
Revenir sur ces douze mois
Il s'est passé tant de choses
Rester encore quelques heures
Et enfin, lui dire adieu pour de bon

_____ 2 janvier 2021 (1)

Ecrire à la main pour se
Connecter à 2021
Retrouver un élan, une
Impulsion
Retrouver de l'
Energie pour avancer

_____ 2 janvier 2021 (2)

Envolée nuageuse
Chanson d'amour
Revenir à soi
Intériorité
Repos
Elan poétique

_____ 3 janvier 2021

Ecouter
Caresser
Réfléchir
Inspirer
Regarder
Expulser

_____ 4 janvier 2021

Ecrasée par
Ce poids
Rien ne bouge
Il est temps de
Regarder l'ombre
En moi

_____ 5 janvier 2021

Eclore
Charisme
Responsabilité
Irrésistible
Rayonner
Ecrin

7 janvier 2021 (1)

Et c'est fait !
Crier ma vérité
Rien cacher
Il en est ainsi
Rayonner ma vulnérabilité
Et m'émerveiller

7 janvier 2021 (2)

Et toi, petit
Chat noir !
Regarde-moi !
Il est là
Ronronnant
En m'ignorant.

_____ 8 janvier 2021

Eteindre son téléphone
Connectée à son âme
Retrouver la joie
Illuminée
Réflexions, écriture, réalisations
Et se coucher satisfaite

_____ 9 janvier 2021

Etrangement
Ce soir
Rien ne vient
Il faut…
Respire
Et voilà !

11 janvier 2021 (1)

Et j'ai encore oublié
Cela m'arrive
Régulièrement
Il était une fois
Rien
Et je m'y mets le lendemain

11 janvier 2021 (2)

Ecrire
Chaque jour
Revenir à l'ouvrage
Infailliblement
Résistance
Evidente

_____ 12 janvier 2021

Ecrivaine
Cette identité qui
Résiste
Intérieurement
Ressentir l'
Ecrivaine dans mes veines

14 janvier 2021 (1)

Eclater
Ce plafond de verre
Religion
Irrespect
Rébellion
Eclatement

_____ 14 janvier 2021 (2)

Encrer la
Compassion, me
Réconcilier avec cette
Irréalité que je
Refuse, l'accueillir
Et l'aimer

16 janvier 2021 (1)

Et poser
Ce cadre
Râler et sentir qu'
Il est nécessaire
Réaliser qu'il est
Essentiel pour moi

_____ 16 janvier 2021 (2)

Eclatant paon
Couronné de Joie
Rayonnant
Il me regarde
Reste là
Et rêvons ensemble

_____ 17 janvier 2021

Epuisée mais
Contente
Rêver
Imaginer
Rien d'impossible
Entrer en action

_____ 18 janvier 2021

Et tout était bien organisé
Créneaux définis planifiés
Rien ne pouvait m'arrêter
Impossible, j'étais motivée
Rien… sauf cela : la vie
Et ses aléas

―――― 19 janvier 2021

Et nous revoilà
Comme des
Retrouvailles
Il est là, je le
Regarde
Emerveillée par toutes ses complexités

_____ 20 janvier 2021

Et l'Univers s'est mis en branle
C'est magique, je suis
Renversée
Illuminée
Remplie
Emerveillée

_____ 21 janvier 2021

Epuisée ce soir
Contrecoup aujourd'hui
Rester les yeux fermés
Infuser
Repos
Eteindre mon cerveau

_____ 23 janvier 2021

Et voilà qu'il pleut encore !
C'est noué…
Renardesse envoie son feu sacré
Ils ont trouvé une super déco
Rien à dire
Et je m'en vais couper les liens toxiques

Quelques jours plus tard, je me lançais dans un nouveau défi créatif, l'écriture quotidienne de textes courts. Cela dura plusieurs mois et me permit de me (re)connecter à mon plaisir et mon besoin d'écrire et de partager ce qui me traverse.

Les textes des deux premiers mois sont regroupés dans un ouvrage, intitulé :

Tremper ma plume dans l'encre de l'amour

Pour vous le procurer, contactez-moi :
caroline.verstaen@lilo.org
Ou rendez-vous sur www.thebookedition.com

Oser l'indécence
Rire aux éclats
Dire sa vérité
S'aimer au grand jour
S'offrir la liberté d'être soi

1er avril 2025

Sommaire

Préface de Ghylenn Descamps •9

Introduction •15

Un Automne en Poésie •21

La Voix du Cœur •59

Écrire en Silence •95